GÉOLOGIE

ET

ARCHÉOLOGIE

PRÉROMAINE

DES ENVIRONS DE NANCY

PAR

M. Le D' BLEICHER

Professeur d'histoire naturelle à l'École supérieure de pharmacie de Nancy

NANCY

IMPRIMERIE BERGER-LEVRAULT ET Cie

11, rue Jean-Lamour, 11

1886

GÉOLOGIE
ET
ARCHÉOLOGIE
PRÉROMAINE
DES ENVIRONS DE NANCY

PAR

M. LE Dr BLEICHER

Professeur d'histoire naturelle à l'École supérieure de pharmacie de Nancy

NANCY

IMPRIMERIE BERGER-LEVRAULT ET Cie

11, rue Jean-Lamour, 11

1886

GÉOLOGIE ET ARCHÉOLOGIE PRÉROMAINE

DES

ENVIRONS DE NANCY

Si les botanistes et les géologues admettent, comme bornes de la région parisienne, la délimitation généralement adoptée aujourd'hui, c'est-à-dire 95 kilomètres de rayon en prenant Paris pour centre, on ne nous taxera pas d'exagération en prenant, toute proportion gardée, pour limites de la région nancéienne, un rayon de 30 kilomètres avec la ville capitale de la Lorraine pour centre. Le champ d'étude ainsi circonscrit est encore entamé au nord-est et diminué de toute la rive gauche de la Seille par la ligne de la frontière que nous ne dépasserons qu'une seule fois dans la seconde partie de cette notice, au sujet des refuges et camps retranchés attribuables aux époques préromaines. Il ne sera question dans la première partie de cette notice consacrée à la géologie, que de la série des terrains secondaires et quaternaires qui affleurent dans la région limitée à peu près par une ligne plus ou moins circulaire passant par Nomeny, Lunéville, Bayon, Colombey, Foug, Pont-à-Mousson.

Les grands accidents, tels que lignes de fracture avec puissantes dénivellations, sont extrêmement rares dans cette région, où s'étalent les sédiments de l'âge secondaire, depuis le *muschelkalk supérieur*, c'est-à-dire le trias, jusqu'au *corallien*, qui est le terme le plus élevé du jurassique moyen. Par contre, les fractures avec faibles dénivellations s'y rencontrent souvent, ainsi que les cassures partielles, que les glissements de lambeaux de terrain le long des pentes des collines. Ces accidents sont indiqués soit par des dépressions ou ravins, soit simplement par le changement brusque de la nature du sol, et le plus souvent le paléontologiste seul peut arriver à les déceler, en reconnaissant les changements dans la faune qui accompagnent ces dénivellations.

Mais si les environs de la capitale lorraine ne présentent pas au géologue de grands accidents comparables à ceux des Vosges ou des Alpes, ils sont néanmoins intéressants à visiter à cause de la variété des terrains qui y affleurent et de leur richesse partout assez grande en débris d'animaux et végétaux fossiles.

Personne n'ignore que le sol même sur lequel est bâtie la ville de Nancy, n'a pas toujours été terre ferme. Qui d'entre nous, dans ses promenades, n'a pas rencontré des vestiges de pétrification ? Les environs de Nancy ont été célèbres à ce point de vue dès le jour où on s'est occupé de paléontologie, et il n'est guère de musée de France ou de l'étranger, où les ammonites du calcaire ocreux de Seichamps, où l'*Hippopodium* de Bosserville ne figurent à la place d'honneur, à côté des débris de reptiles et de poissons du muschelkalk de Lunéville.

Ces pétrifications ou fossiles appartiennent à des fonds de mer disparus, qui ont cédé la place à un régime terrestre et fluviatile.

Il y a donc, dans nos environs, deux ordres distincts de formations. Le sous-sol de la ville, la charpente des collines qui bordent les vallées de la Meurthe, de la Moselle et les vallées de leur affluents, appartiennent aux sédiments déposés au fond de la mer triasique et jurassique. Cette masse énorme de dépôts disposés en retrait les uns sur les autres, sous forme de couches à peu près horizontales ou légèrement inclinées vers l'ouest, c'est-à-dire vers la haute mer d'alors, forme un ensemble des plus remarquables.

Jusque vers le méridien de Nancy, c'est-à-dire dans la partie orientale de notre champ d'études, les formations géologiques appartenant surtout au trias ne se présentent pas sous forme de massifs formant obstacle au cours des rivières. Les eaux les ont façonnées en collines, à pente douce, plus ou moins isolées les unes des autres. Il n'en est pas de même à partir du pied des collines qui dominent la ville. Les formations jurassiques plus résistantes, malgré leur soubassement marneux, y ont donné naissance à des massifs puissants formant une barrière sinueuse, entamée par nos deux grands cours d'eau, qui se suit dans nos limites, de Bayon à Amance.

Une seconde barrière de collines dépendant du système méridional des côtes de Meuse, que nous ne faisons qu'aborder de Barisey à Foug, appartient également au jurassique, mais aux étages supérieurs. Entre ces deux systèmes de collines orientées à peu près suivant le méridien, se développe la vaste dépression marneuse de la Woëvre, dont nous ne touchons que la partie méridionale.

Les assises de terrains qui se succèdent de Lunéville à Foug sont donc paginées comme les feuillets d'un livre. La pagination régulière est à peine troublée en certains points par des cassures qui ne peuvent arrêter le géologue pourvu des moyens de déchiffrer un pareil livre, c'est-à-dire de connaissances minéralogiques et surtout paléontologiques.

Une seule condition doit être réalisée pour que le déchiffrement soit possible, c'est que ces terrains deviennent accessibles latéralement, et, s'il se peut, que leur tranche soit à découvert. Cette condition se trouve réalisée de tous côtés à Nancy et dans les environs, grâce aux travaux d'embellissement et d'assainissement de nos rues, qui mettent à nu le sous-sol, grâce surtout aux nombreuses carrières ouvertes sur les flancs des collines, le long des canaux ou voies ferrées et jusqu'au sommet des plateaux.

Le régime terrestre et fluviatile ayant succédé dans l'ordre des temps géologiques au régime marin, il est utile de savoir à première vue distinguer ces deux ordres de formations. L'ordre parait caractériser les formations marines déposées au fond de bassins d'une grande étendue, plus ou moins ouverts ou profonds suivant les temps, mais l'ordre n'exclut pas la variété, ni même la difficulté dans l'étude. Les terrains sédimentaires marins des environs de Nancy ne sont pas encore complètement connus, malgré les nombreux travaux dont ils ont été l'objet à différentes époques, soit au commencement de ce siècle, à la naissance de la paléontologie, soit au milieu de ce siècle, époque où ont paru plusieurs travaux remarquables, provoqués par le congrès scientifique de 1850, soit enfin de nos jours par la nouvelle école géologique. Nulle part en effet l'étendue des variations possibles n'est plus grande que dans certains de nos étages jurassiques (bathonien et bajocien). Une seule excursion est loin de suffire pour se rendre compte de la nature de ces étages dans nos limites cependant si restreintes, et pour pénétrer à fond dans leur connaissance, il faut suivre leurs affleurements pas à pas, en constatant les modifications souvent très grandes qu'ils éprouvent dans leurs sédiments et dans leur faune.

Quoi qu'il en soit, grâce à l'abondance des fossiles,

l'étude des terrains sédimentaires marins de nos environs, est rendue très attrayante et paraît bien plus goûtée que celle des terrains d'origine terrestre et fluviatile plus récents. Ceux-ci ne sont pas uniformément étendus en surface, ils se disposent en amas plus ou moins considérables de cailloux, de sables, de débris anguleux, de roches calcaires, accumulés sans ordre apparent sur les plateaux, les pentes, le fond des vallées.

Ce n'est plus, en nous servant de la comparaison de M. de Saporta, un herbier bien ordonné et bien classé, comme la série des dépôts marins, c'est un jardin abandonné, dans lequel l'ordonnance générale est encore visible, tandis que les plantes dispersées et redevenues sauvages, ne se montrent plus que dans un mélange confus.

Une mer ouverte, peu profonde, à fond vaseux couvrait nos régions au moment où se déposait le *muschelkalk* moyen ou horizon du *Ceratites nodosus*, que l'on peut étudier dans la région devenue classique des environs de Lunéville, de Gerbéviller. Ce sont des calcaires et des marnes gris bleuâtre riches en algues scopariennes, des marnes sableuses dolomitiques, en résumé, un ensemble de sédiments généralement vaseux, déposé dans un bassin maritime riche en poissons, en reptiles, en crustacés, en céphalopodes, dont les débris s'y rencontrent en assez grande abondance. Les fossiles les plus répandus sont : *Cera-*

tites nodosus Brug, C Semipartitus Gaill, Gervillia socialis Schlot, Terebratula vulgaris Schlot. Localité à visiter : Mont-sur-Meurthe.

Jusqu'à plus ample informé, et en raison de la présence, au-dessus de l'horizon du *Ceratites*, d'une faune de mollusques identique à celle du muschelkalk : *Mytilus vetustus Goldf, Lima striata Goldf, Myophoria vulgaris Schlot, M Goldfussi Alb, Myacites musculoides Schlot,* etc., et de plantes dont quelques-unes seulement (fougères à frondes réticulées) appartiennent évidemment à la *lettenkohle,* ou aux marnes irisées inférieures, nous admettons une subdivision du muschelkalk supérieur, supérieure à celle du *Ceratites nodosus,* et placée sur la limite des marnes irisées. La *Myophoria Goldfussi* peut servir à la caractériser, et la disparition de cette coquille, vers la partie supérieure de la série de dolomies sableuses, de calcaires dolomitiques zonés, de marnes bariolées, de grès dolomitiques sableux, à grains verts de glauconie, de marnes gypseuses qui contient cette coquille, peut aider à limiter les marnes irisées. Localité à visiter : gare de Blainville.

Peu d'étages géologiques paraissent avoir été plus étudiés que le muschelkalk lorrain, et cependant aucun travail d'ensemble n'a jusqu'ici réuni les documents épars qu'on possède sur sa composition lithologique, sa faune, sa flore.

Ces documents, nous les devons surtout à M. F. Lebrun, qui depuis près d'un demi-siècle s'est voué à l'étude de ce terrain que nul ne connait mieux que lui, à M. Briquel, avocat à Lunéville, qui consacre ses loisirs à rassembler une collection complète de ces fossiles si répandus dans les collections des deux mondes.

Des lagunes où se concentrait le sel suivant les lois de l'évaporation, dans une région peu favorable à la vie animale et végétale, tel était le tableau désolé de la région nancéienne à l'époque du dépôt des *marnes irisées,* salifères et gypsifères.

Cependant ces lagunes où les dépôts d'évaporation s'accumulaient étaient envahies par moment (époque du grès keupérien), par des courants qui ont amené des débris de plantes, équisétacées, fougères, conifères, qui ont ébauché des dépôts de combustible. Plus tard même, en plein dépôt de roches dolomitiques, la vie végétale n'a pas disparu, et vers la fin du keuper des algues microscopiques du genre *Bactryllium* paraissent y avoir pullulé. Quant aux animaux, ils sont à peine représentés par *Posidonomya minuta,* et quelques bivalves peu déterminables.

Localités à visiter : environs de Saint-Nicolas, de Bayon.

L'ensemble des couches connu sous le nom d'*infralias,* de *rhétien,* qui forme le lien entre le trias et le jurassique, est trop bien développé dans nos régions pour que nous ne le mettions pas en évidence.

Dans les grès, les poudingues, les grès dolomitiques qui le constituent avec quelques bancs de marnes schisteuses par place, abondent les représentants de la faune européenne de cet étage de transition. *Avicula contorta Portl, Gervillia præcursor Qu, Anatina præcursor Qu*, etc., ne sont pas rares dans nos limites, et peu de roches sont riches en bivalves comme celles du rhétien lorrain. Les débris de poissons, de reptiles, ne sont pas moins répandus que les bivalves, et nos récentes recherches permettent d'y ajouter, grâce aux déterminations de notre excellent ami et collaborateur M. le professeur Fliche, quelques espèces bien caractéristiques de conifères, d'équisétacées, de fougères.

Sur les confins du rhétien, avec la série jurassique se place une couche à laquelle les géologues lorrains ont donné, avec raison, le nom de *marnes rouges de Levallois*, voulant honorer le géologue distingué qui a si nettement débrouillé l'écheveau de nos formations géologiques au moment où la science était loin d'être ce qu'elle est maintenant. Localités recommandées : Flavigny-sur-Moselle, Varangéville.

Avec les temps jurassiques, le bassin maritime au milieu duquel se trouve Nancy se transforme. La nappe d'eau parait d'abord rester peu profonde, au moins par places, et l'inégalité du fond de la mer se prononce de plus en plus. Elle se traduit à certains moments de cette longue période par la formation de récifs coralliens, récifs-barrières, ou récifs sporadiques aux talus abrupts, aux abords fréquentés par une population marine particulière. Les courants maritimes venus de loin, l'agitation sur place, se traduisent nettement dans nos formations jurassiques par des roches à éléments minéralogiques particuliers, grès, contenant des débris végétaux flottés, par des roches à galets formés de marnes durcies.

A plusieurs reprises, la sédimentation chimique ferrugineuse vient modifier la nature des roches qui se déposaient dans nos bassins, et chaque fois elle amène avec elle une plus grande abondance de débris animaux. C'est dire que les formations de cette nature sont particulièrement à recommander au paléontologiste. Nos mers étaient aussi riches en écueils, où les mollusques lithophages creusaient leur demeure, et leur fond paraît avoir été dans un état d'équilibre instable, à en juger par le nombre des surfaces taraudées qu'on peut constater en série verticale dans nos formations jurassiques.

En résumé, les formations jurassiques des environs de Nancy sont des plus intéressantes à étudier au point de vue de la science pure, et la notice de notre confrère, M. l'ingénieur des mines Cousin, démontrera à nos lecteurs qu'elles ne sont pas moins remarquables par les matières premières qu'elles fournissent à l'industrie minière, à l'industrie du sel, à l'art de la construction.

Si l'étude géologique de nos terrains a été en honneur à Nancy dès le XVIIIe siècle, on peut dire que leur connaissance détaillée et raisonnée ne date guère que du milieu du XIXe siècle. Trois noms méritent d'être signalés au premier rang parmi ceux qui ont frayé la voie à la jeune école géologique. Ce sont ceux de MM. Guibal, Levallois et Husson. De 1849 à 1851, grâce à leurs travaux, le cadre si compliqué de nos formations géologiques était dressé avec tant d'exactitude, que la plupart de leurs divisions sont généralement acceptées par les géologues lorrains. A côté de ces noms qui doivent être mis en relief entre tous, il convient de signaler ceux de MM. Mathieu, Terquem, Lebrun, Fliche, Braconnier, Douvillé, Wohlgemuth, etc., etc., qui, par leurs recherches, ont complété l'étude paléontologique de nos étages oolithiques, en les reliant à ceux des régions avoisinantes.

Entre les mains de ces géologues, l'étude du bassin jurassique nancéien a suivi son évolution naturelle. D'abord exclusivement minéralogique, elle est devenue plus tard paléontologique, à mesure que la science, se développant, sentait le besoin de trouver un point d'appui solide à ses déductions.

Bien des événements se sont passés au sein de nos mers anciennes depuis le moment où le premier sédiment jurassique s'est déposé à plus d'une centaine de mètres sous le sol de la ville de Nancy, jusqu'à celui où le récif de polypiers qui couronnent les collines des environs de Foug, s'est formé à 100 et 130 mètres d'altitude au-dessus de la vallée de l'Ingressin. Les géologues reconnaissent dans cette longue série, de bas en haut, en suivant la nomenclature anglo-française, le *lias* tout entier avec ses trois subdivisions, l'oolithe inférieure et la grande oolithe, l'oolithe moyenne qu'il nous arrivera souvent d'appeler, suivant d'Orbigny, des noms de *bajocien*, de *bathonien* pour les deux premiers; pour l'oolithe moyenne, des noms de *callovien, oxfordien, corallien*.

Le lias tout entier peut être considéré comme une période de calme relatif, pendant laquelle, sous une lame d'eau de moyenne épaisseur, la vie s'est librement développée sous toutes ses manifestations. Dès le commencement de cette période, *lias inférieur*, il y a eu abondance de formes animales; on peut y distinguer trois horizons qui sont de bas en haut : celui de l'*Ammonites angulatus Schlot;* celui de l'*Ammonites bisulcatus Brug;* celui de la *Bélemnites brevis Mill*. Ils sont généralement riches en fossiles, et les environs de Bayon sont à citer pour le plus inférieur des horizons, ceux de Richardménil pour le supérieur, ceux de Haraucourt, Manoncourt, Vézelise pour le moyen, qui est le vrai horizon de la gryphée arquée.

Avec le lias moyen, la faune change un peu, mais devient plus variée encore. Les subdivisions peuvent être tracées à l'infini, mais nous nous contenterons des suivantes : marnes à *Hippopodium ponderosum Sow*, en faisant remarquer que ce fossile ne peut que difficilement être accepté comme caractéristique de la base du lias moyen aux environs de Nancy, car il y est extrêmement rare, tandis que *Ammonites capricornus Schlot*, *Ammonites armatus Sow*, y sont généralement répandus. *Calcaire ocreux;* malgré son peu d'épaisseur, cette couche a la valeur d'un horizon par ses caractères minéralogiques et paléontologiques. *Ammonites Guibalianus d'Orb, A Buvigneri d'Orb, Gryphea obliquata Sow, Hippopodium Guibali Bayle, Rhynchonella curviceps Quenst, Rh. furcillata Theod, Waldheimia cor Lamk*, etc., peuvent servir à la caractériser.

Horizon de l'*Ammonites Davæi Sow*, riche en céphalopodes, ammonites et bélemnites, en algues, mais de peu d'épaisseur.

Horizon de l'*Ammonites margaritatus*, comprenant les subdivisions suivantes : marnes à *Belemnites clavatus Blain*, d'abord seule, puis avec *B Fourneli d'Orb ;* marnes sableuses avec *Tisoa siphonalis, Gryphea cymbium Lamk. type*, etc.; grès médioliasique, dans lequel *A margaritatus* est en décroissance et se trouve remplacée par *A spinatus Brug*.

Le lias supérieur débute par une formation riche en vertébrés. Ce sont ou des poissons dont les débris sont disséminés dans des marnes schisteuses ou schistes à *Posidonomyes*, ou de grands sauriens aux formes massives, des *Ichthyosaures,* dont on trouve les ossements échoués dans la vase.

Tel est celui qu'a découvert un des amateurs les plus zélés de paléontologie de Nancy, M. l'opticien Gaiffe, aux baraques de Ludres. Un tel bonheur échoit rarement à un géologue, aussi faut-il le mentionner, d'autant qu'il s'agit d'un collectionneur qui met gracieusement ses trouvailles à la disposition des paléontologistes.

On peut subdiviser le lias supérieur en : horizon des schistes à *Posidonomya Bronni Voltz,* marno-schisteux ; horizon de l'*Ammonites bifrons Brug,* marneux ; horizon de l'*Ammonites thoarcensis* d'O. et de l'*Astarte Voltzii Hoenning,* marno-sableux ; horizon de la *Trigonia navis Lamk.* et de la *Gryphea ferruginea Terq,* ou du minerai de fer liasique.

L'invasion de nos bassins maritimes par des dépôts ferrugineux avait déjà commencé dès l'époque du lias inférieur, et même à la fin du rhétien, mais elle n'est devenue complète qu'à ce moment précis de l'histoire de nos mers jurassiques. Au lieu de vase et de sable, le sédiment devient ferrugineux, mais la substitution de cet élément utile aux éléments ordinaires des dépôts ne s'est faite que par places. Là où cette substitution a été complète, le minerai est devenu exploitable, là où il y a eu simplement incorporation de fer dans de faibles proportions aux vases et aux sables, il ne l'est plus. Du reste, l'apport de ces nouveaux sédiments ne paraît pas avoir entravé la marche de l'évolution des êtres organisés, car le minerai est généralement riche en fossiles.

L'irruption ferrugineuse dans nos bassins jurassiques a continué dans la période oolithique, avec une telle abondance que nous trouvons dans une partie de l'oolithe inférieure ou *bajocien* des couches de vrai minerai de fer. La faune a considérablement changé, mais la sédimentation est, à peu de chose près, restée la même. Tandis que le lias occupe la région basse de nos collines ou la région de faibles ondulations qui s'étend à l'est de la première barrière de collines jurassiques dont nous avons parlé plus haut, l'oolithe inférieure forme l'ossature de celle-ci, et en a déterminé le relief et la configuration par son couronnement de roches dures et résistantes. Celles-ci s'enlèvent nettement sur le profil des collines des environs de Nancy par leur abrupt rocheux succédant aux pentes douces du lias supérieur.

Le premier étage oolithique ou *bajocien* comprend les subdivisions suivantes : horizon de l'*Ammonites Murchisonæ Sow*, ou du minerai de fer oolithique, riche en fossiles, parmi lesquels les plus caractéristiques sont : *Belemnites gingensis Opp, Pholadomya reticulata Ag; Ostrea calceola Ziet, Montlivaultia de La Bechei Edw et H, Cancellophycus scoparius Thioll*, horizon de l'*Ammonites Sowerbyi*, plus calcaire que le précédent, mais encore ferrugineux dans certaines de ses parties. L'*A Sowerbyi* y est assez rare, et en pratique *Ostrea sublobata Desh*, *Pecten texturatus Munst*, servent à le reconnaître partout.

Horizon de l'*Ammonites Humphriesianus*, composé de la roche rouge, de la roche grise oolithique peu fossilifères, et d'une série variable de roches qui peuvent ou non admettre deux masses de polypiers, une masse de calcaires à grosses oolithes cannabines, et vers la partie supérieure un calcaire oolithique riche en débris de fossiles peu déterminables. L'*A Humphriesianus* ne paraît pas monter jusqu'à la limite supérieure de l'étage; elle y est généralement remplacée par *Ammonites Sauzei d'Orb*, *A Blagdeni d'Orb*. Le bajocien supérieur est riche en échinides variés, en polypiers en plateaux ou même branchus, et peut admettre, vers sa limite extrême, un banc de grès avec débris végétaux de cycadées, de conifères, de fougères, peut-être de monocotylédones[1].

Le *bathonien* ou grande oolithe surmonte l'étage précédent, sans qu'il soit toujours facile de l'en distinguer. L'apparition de l'*Ostrea acuminata*, de *Waldheimia ornithocephala*, est cependant à ce point de vue un repère excellent. Il admet trois subdivisions:

Le bathonien inférieur ou fullersearth, de nature minéralogique variable, peut admettre deux subdivi-

---

[1]. *Étude sur la flore de l'oolithe inférieure des environs de Nancy*, par MM. Fliche et Bleicher. (*Bull. Soc. sc. de Nancy*, 1882.)

sions : horizon de l'*Ammonites niortensis d'Orb*, qui dans sa partie inférieure est aussi caractérisé par *Ammonites (Cosmoceras) longovicense Steinmann* (Haut-du-Lièvre à Nancy), contenant en abondance des fossiles bien conservés, parmi lesquels *Galeropygus Nodoti Cott, Terebratula ventricosa Hartm*, sont les plus caractéristiques; horizon de l'*Ammonites Parkinsoni Sow*, qui est beaucoup plus développé, et dans lequel *Arca (Macrodon) hirsonensis d'Arch* est, avec *Clypeus Ploti Klein*, le fossile le plus abondant.

Le bathonien moyen, moins développé, a été divisé par M. Husson en trois assises : oolithe blanche, miliaire, calcaire à polypiers, calcaires ou caillasses à *Anabacia orbulites Edw* et *H, Ammonites Wurtembergicus Opp, Pecten vagans Sow*, servent à déterminer la dernière assise ; les deux autres sont plus pauvres en fossiles.

Le bathonien supérieur, d'après les études combinées de MM. Douvillé et Wohlgemuth, se divise en marnes à *Waldheimia ornithocephala Sow*; marnes à *Rhynchonella varians Schl*; marnes à *Ostrea Knorri Voltz*; marnes et ovoïdes à calcaires à *Lyonsia peregrina Phill*. L'*Ammonites procerus Seeb* peut servir à le caractériser dans son entier.

Les environs de Nancy, de Liverdun, Villey-Saint-Étienne, Toul, du fort de Villey-le-Sec, sont devenus classiques pour cet étage, grâce aux travaux de ces géologues.

L'étage *callovien*, qui dans la nomenclature généralement admise jusqu'ici, commence l'oolithe moyenne est à peine développé dans nos régions. Les calcaires marno-sableux qui le représentent, sont peu fossilifères, mais cependant MM. Douvillé et Wohlgemuth y ont signalé la présence, aux environs de Toul, de *A macrocephalus Schl*, *A Subbackeriæ d'Orb*, *A hecticus Hartm*, etc., en un mot d'une faune nettement callovienne, sans cependant qu'il soit possible d'y tracer des délimitations de sous-étages ou d'horizons.

L'*oxfordien* est cantonné aux environs de Toul, de Colombey, de Foug, au pied des escarpements de la seconde barrière de collines qui accidente l'extrémité ouest de notre champ d'études. Il n'a qu'un seul facies, le normal argilo-siliceux, et peut, suivant M. Wohlgemuth, se diviser en : oxfordien inférieur argileux ou marneux avec *Belemnites clucyensis Mayer*, *Serpula vertebralis Sow*, *Ammonites ornatus Schlot*, etc.; en oxfordien supérieur, ou horizon de la *Pholadomya exaltata Ag ;* calcaire à chailles, horizon des *Ammonites cordatus Sow*, et *A Mariæ d'O*. de M. Douvillé. Grâce à leur fossilisation siliceuse, les gisements de l'oxfordien supérieur des environs de Foug, d'Écrouves, sont à recommander aux géologues. Ils y trouveront facilement, après quelques minutes de recherches, outre les ammonites ci-dessus indiquées : *Rhynchonella varians Schl*, *Terebratula Gallieni d'O*,

Waldheimia bucculenta Sow, *Pholadomya paucicosta* Rœm, *Perna mytiloides* Lk, *Gryphea dilatata*, var. *gigantea* Sow [1].

Le *corallien*, dominant de ses assises solides les marnes oxfordiennes, joue à l'égard des collines de la seconde barrière, qui sont le prolongement méridional des côtes de Meuse, le rôle que nous avons vu jouer au bajocien dans la première barrière orientale. Dans les deux cas, les assises solides d'origine corallienne ont protégé de leurs masses puissantes les marnes sous-jacentes, et dans le cas du corallien, elles ne se sont pas laissé traverser par les cours d'eau actuels ; la ligne des collines est continue quoique bien amincie vers Foug, où en effet les courants diluviens ont déversé, par-dessus la hauteur abaissée en ce point, les cailloux vosgiens jusque dans le bassin de la Meuse.

A l'exemple de M. Wohlgemuth, nous conservons ici le titre d'étage corallien pour un ensemble de dépôts qui, dans nos régions, atteint une épaisseur de 100 à 180 mètres, mais en faisant remarquer que le terme de corallien ne doit nullement être pris au pied de la lettre.

Cependant, dans nos limites, l'élément récif de polypiers existe partout très développé dans le corallien. On peut y distinguer le corallien inférieur, composé du glypticien ou calcaire à polypiers, riche en fossiles et spécialement en échinides, les calcaires ro-

1. Wohlgemuth. *Rech. sur le jurass. moyen*, p. 210.

cailleux et marnes à *Cidaris florigemma*, les calcaires à entroques avec *Terebratula insignis var. Maltonensis Oppel*, les marnes à *Phasianella striata Sow*, les calcaires blancs à grains fins avec *Phasianella striata Sow*.

Le sommet des collines qui bordent l'extrême limite ouest de notre champ d'études permet d'aborder une partie du corallien supérieur, et spécialement l'oolithe corallienne à *Diceras arietina*, *Nerinea Mandelslohi*, qui termine la série des formations jurassiques, et par conséquent des formations marines qui affleurent dans un rayon de 30 kilomètres autour de Nancy.

Sous quelle forme, et à quelle époque le sol des environs de Nancy a-t-il apparu au-dessus des eaux marines ? Question restant sans réponse actuellement, car on ignore si nos régions ont été *absolument* privées de ces formations crétacées et tertiaires qui se développent autour du bassin de Paris vers la partie occidentale du département de la Meuse et en Champagne.

Nous devons nous contenter de nous le figurer émergeant sous l'influence des forces souterraines agissant lentement, avec l'apparence de plateaux nivelés, s'élevant à l'horizon, dans l'est, en terrasses de plus en plus hautes à mesure qu'on se rapproche de la chaine des Vosges.

Quelle que soit, du reste, la forme primitive de nos pays, qu'ils aient été recouverts ou non par les mers, crétacées ou tertiaires qui n'y ont laissé aucun vestige, il est évident qu'ils sont restés un long espace de temps exposés aux causes de destruction intérieures et extérieures.

C'est à ces causes qu'il faut attribuer les fissurations nombreuses des assises jurassiques, la destruction plus ou moins complète des couches les plus superficielles par les eaux. Sans cette préparation, il serait impossible de comprendre la rapidité avec laquelle se sont plus tard creusées nos vallées.

Combien de temps cet état de choses a-t-il duré? Toute estimation précise est impossible, mais du moins il paraitra évident à tout le monde que nos régions, ne présentant jusqu'ici aucune trace de dépôts plus récents que le jurassique moyen, ont été abandonnées pendant fort longtemps aux forces extérieures de destruction, de plus en plus puissantes à mesure que le refroidissement terrestre faisait des progrès. Il a plu de tout temps; la pluie a de tout temps alimenté des cours d'eau. Ceux-ci ont nécessairement creusé des sillons, charrié des débris, mais ce n'est pas dans le fond des vallées qui n'existaient pas encore, c'est sur le sommet des plateaux que l'on retrouve des documents propres à reconstruire l'histoire de cette période terrestre et fluviatile dans laquelle est entré notre sol sorti des eaux jurassiques. Il manque complètement jusqu'à la fin des temps tertiaires et nous ne savons rien des événements qui se sont succédé dans nos environs, pendant qu'au loin dans le bassin de Paris, se succédaient les formations crétacées et tertiaires inférieures.

Au moment où nous pouvons enfin reprendre le fil de l'histoire des environs de Nancy, le régime terrestre et fluviatile est depuis longtemps établi. Au-dessus de nos têtes, à 300 à 400 mètres d'altitude, par conséquent à 100 et 150 mètres au-dessus du fond des vallées, coulaient des rivières qui ne sont nommées dans aucune géographie. Amenaient-elles leurs eaux et par conséquent leurs cailloux roulés directement du massif vosgien, ou ces eaux n'ont-elles fait que remanier des masses cailouteuses déposées çà et là par des courants de dénudation antérieurs à l'époque de ce diluvium que nous appelons, avec M. Husson, du nom de *diluvium des plateaux?*

La réponse à cette question ne peut guère être faite actuellement, mais nous savons cependant d'une manière positive que les poudingues rhétiens de nos régions ont largement contribué à la formation des amas de graviers et de sables que le diluvium des plateaux a laissés de tous côtés, soit dans les dépressions, soit dans les fissures des plateaux jurassiques. L'amenée des cailloux vosgiens sur nos plateaux a donc pu se faire en plusieurs temps, mais pour arriver à résoudre complètement le problème de l'époque diluvienne, de nouvelles et patientes recherches sont encore nécessaires. Quoi qu'il en soit, le diluvium des plateaux paraît être caractérisé par un éléphant qui se rapproche plus de l'*Elephas antiquus* que de l'*Elephas primigenius* ou mammouth, en raison de la forme, de l'écartement des lames dentaires, de l'épaisseur de leur émail. Le chevreuil, le bœuf, le cheval, accompagnaient ce mammifère de race éteinte.

Le diluvium des plateaux n'était pas uniquement alimenté par la dénudation du massif vosgien qui lui fournissait ses cailloux roulés de quartzite, il l'était encore par la dénudation sur place. Il a mis en œuvre les matériaux calcaires de nos plateaux sous la forme de *grouine,* il a même conservé dans certaines dépressions (plateau de Champ-le-Bœuf, près Nancy, fossés du fort de Frouard) les débris de formations disparues, avec leurs fossiles caractéristiques. C'est grâce à lui que nous savons qu'aux portes de Nancy existait primitivement le bathonien supérieur qu'il faut actuellement aller chercher à Villey-Saint-Étienne, qu'au fort de Frouard existait le corallien qui ne se rencontre actuellement qu'aux environs de Toul.

Le *diluvium des terrasses* moyennes et inférieures se relie au précédent le long des pentes des collines, sans qu'il soit toujours possible de tracer une ligne de démarcation entre les deux formations.

Le meilleur exemple de terrasses superposées se trouve, à notre connaissance, dans le vallon qui descend de la côte de Malzéville vers Pixerécourt, à droite de la route de Malzéville à Lay-Saint-Christophe. Il existe, en ce point, jusqu'à trois terrasses de ce genre, échelonnées sur les deux pentes de ce vallon. Quoique peu étendues et peu importantes au point de vue de la puissance des dépôts détritiques qui les revêtent, ces terrasses se relient nettement au diluvium des plateaux, qui se manifeste çà et là en trainées sur le plateau de Malzéville. Le diluvium des terrasses a une grande importance dans la série des formations quaternaires. C'est en effet à la base d'une de nos terrasses les plus nettes, celle qui a été coupée par le chemin de fer de ceinture, près du raccordement avec la ligne Vézelise-Mirecourt, que se trouve un dépôt de lignite glaciaire devenu classique grâce aux travaux de M. le professeur Fliche. Ce dépôt, absolument privé de coquilles, est extrêmement riche en débris de troncs, branches, graines, fruits, plantes appartenant aux forêts de plaine de la Suède septentrionale ou aux montagnes les plus élevées de l'Europe centrale. Les insectes coléoptères, très nombreux et souvent très bien conservés, qui accompagnent ces débris végétaux, appartiennent comme les plantes à la faune boréale, et on peut dire qu'à cette époque une végétation où dominaient les conifères des régions froides régnait même aux basses altitudes en Lorraine.

Le dépôt de ces lignites marque une épisode de la fin des temps glaciaires, et les terrasses des vallées de la Meurthe et de la Moselle ont été achevées par le diluvium cailloureux d'abord, puis sableux ou *diluvium rouge,* qui a comblé les dépressions, nivelé les pentes, achevé le relief des terrasses les plus inférieures.

Le type du diluvium rouge se trouve sur les tranchées de la rue Mon-Désert, à Nancy, et il y revêt ses caractères de dépôt d'atterrissement, rarement fluvial, de remaniement sur place, avec apport modéré des Vosges. C'est au contact du diluvium rouge avec les graviers des terrasses, dans une zone très restreinte, qu'on trouve le plus habituellement les débris des grands mammifères et spécialement de l'*Elephas primigenius,* du *Rhinoceros tichorhinus,* mais les coquilles y manquent absolument. L'indépendance réelle de ce dépôt de *diluvium rouge* nous a seule décidé à le séparer des précédents et surtout du diluvium cailloureux des terrasses, qu'il surmonte habituellement, mais dont il peut se rencontrer isolé.

Si les coquilles manquent absolument dans nos formations diluviennes glaciaires ou immédiatement postglaciaires des terrasses et des pentes, on en rencontre quelques-unes dans les dépôts d'éboulis ou grouines que nous mettons sur le niveau du diluvium rouge. Quoique le nombre de ces espèces de mollusques soit très restreint, il est permis de faire remarquer qu'elles sont uniquement terrestres, ou des stations fraiches, comme *Succinea oblonga, Pupa doliolum,* et que *Cy-*

clostomus elegans, qui n'existe pas dans les terrains quaternaires d'Alsace, y est très répandu.

Dans le fond des vallées et jusqu'à une certaine hauteur sur le flanc des terrasses les plus inférieures du diluvium, il existe dans les vallées de la Moselle, de la Meurthe et de leurs affluents, de puissants amas de graviers, de sables, d'origine plus ou moins récente. Nous leur réservons le nom d'*alluvions*. Les débris végétaux et animaux n'y sont pas rares, mais à côté d'espèces d'animaux disparus, tels que le *Bos primigenius*, d'objets de la pierre polie, de l'âge du bronze, on peut y trouver des traces non équivoques des civilisations les plus modernes.

Ces sortes de formations, plus intéressantes pour l'archéologue que pour le géologue, terminent la série des dépôts d'origine terrestre et fluviatile qui se sont succédé dans l'ordre des temps à la surface de notre sol.

Les eaux semblent donc, depuis la fin des temps tertiaires, avoir obéi à un mouvement de descente, qui a transporté leur cours du sommet de nos plateaux, à mi-côte des collines dont elles ont modelé les contours, et où nous les trouvons dans les commencements de l'époque quaternaire.

C'est déjà la Meurthe, mais avec des proportions gigantesques, qui passe dans la vallée percée depuis peu entre Boudonville et Malzéville dans le massif jurassique.

Ce phénomène de percement, si l'on peut s'exprimer ainsi, a-t-il eu lieu brusquement ou lentement ? Faut-il se figurer une masse d'eau énorme, venue des Vosges, butant contre notre chaîne jurassique ou première barrière, alors continue entre Boudonville, la Croix-Gagnée et les hauteurs de Malzéville, finissant par balayer devant elle l'obstacle, pour courir, suivant les lois de la pesanteur, rejoindre la Moselle à Frouard ? Outre qu'un pareil phénomène aurait laissé des traces d'arrachements et de transports violents, il répugne à nos idées de géologue moderne.

N'avons-nous pas d'ailleurs assisté à la préparation de ces événements dès la fin des temps tertiaires ? Ne savons-nous pas que dès lors, nos massifs jurassiques étaient partout entamés par des fissures qu'élargissaient constamment les eaux coulant au sommet de nos plateaux ? Ces eaux, en s'infiltrant dans les puissantes assises de calcaires supportées par des marnes, n'ont-elles pas provoqué ces gigantesques glissements, ces puissants éboulements, dont aucun historien n'a entendu parler, mais dont nous trouvons la trace évidente sur les flancs de toutes nos collines et particulièrement de celle de Malzéville ? Ce sont là les vraies causes du creusement de nos vallées, du percement de nos défilés, causes éloignées, lentes, mais sûres, que le phénomène quaternaire dans sa brutalité a pu faire oublier longtemps, mais que les géologues modernes ont parfaitement reconnu.

On pourrait peut-être y joindre une autre cause plus hypothétique, plus difficile à démontrer, un mouvement lent d'exhaussement, qui serait venu donner à nos eaux leur maximum d'effet de destruction en exagérant leur pente de l'est vers l'ouest.

Toutes ces causes ont sans doute agi simultanément pour amener la destruction lente, pièce par pièce, de la barrière ou pour mieux dire, des barrières jurassiques, sur certains points désignés d'avance, points faibles, où la résistance des matériaux à enlever était moindre que partout ailleurs.

C'est ainsi que nous expliquons l'évolution normale de notre sol vers l'état actuel, pendant l'époque quaternaire qui a certainement été signalée dans nos pays par une période de refroidissement et de réchauffement, et jusqu'aux temps historiques.

A quelle époque l'homme est-il entré en scène dans nos régions? Nous ne possédons sur cet événement que des renseignements à classer, mais qui cependant ont leur valeur, comme on pourra en juger par les découvertes suivantes.

Les seuls objets préhistoriques des alluvions, dont le gisement ait pu être étudié, sont: un andouiller de cerf, dont l'extrémité pointue, cassée vers le sommet, présente, des deux côtés, des surfaces usées et travaillées par l'homme. Il a été trouvé, dans les tranchées du chemin de fer de Toul à Colombey, par M. Olry, dans une couche de grouine calcaire à petits éléments, dont l'épaisseur varie de deux à trois mètres au-dessous de la terre végétale. Cette grouine, d'origine assez récente, contient des coquilles subfossiles : *Bythinella viridis Drap, Lymneus truncatulus Müll*, espèces indiquées toutes deux comme existant en Lorraine, dans le catalogue des animaux sauvages de Lorraine, de Godron.

Nous devons aussi citer, pour mémoire, un silex blanc, de petite taille, forme couteau, taillé dans une roche vosgienne, que nous avons trouvé nous-même dans la partie supérieure des gravières ouvertes sur la droite de la route de Nancy à Fléville, non loin du château de Montaigu. Ces gravières appartiennent à la partie supérieure du diluvium caillouteux de la terrasse supérieure, c'est-à-dire à un niveau plus élevé que les lignites de Jarville, mais les sables et cailloux roulés bien stratifiés qui y affleurent ont été recouverts d'une puissante couche d'atterrissement fortement remaniée, surtout dans sa partie supérieure.

Il est à noter, cependant, qu'au contact de ces formations, il y a, dans l'angle nord de la gravière, des ossements de grands animaux, cheval, bœuf ou sanglier? qui ont été découverts par notre excellent ami et collaborateur M. Millot. Leur état de conservation, leur gisement, qui est celui du silex taillé, ne permettent pas de les considérer comme réellement fossiles.

Nous devons enfin à M. le professeur Fliche un renseignement qui doit prendre place ici.

Il nous a communiqué la découverte qu'il a faite d'un broyon de quartzite vosgienne d'assez grande taille, manifestement usé par l'homme à une de ses extrémités, dans la grouine de la chambre d'emprunt ouverte par la Société des forges de Namur, en face du pont fixe du canal de la Marne au Rhin, sur la route de Champigneulles. La grouine en ce point était, comme à Malzéville, recouverte de diluvium rouge. Le broyon n'a pas été trouvé en place, mais il est couvert de mouchetures de grouine adhérente, qui démontrent qu'il a séjourné longtemps dans cette roche.

C'est à la surface du sol que l'on rencontre les objets préhistoriques les plus anciens, dont le gisement ne diffère pas de celui des objets de date plus récente. Leurs caractères intrinsèques, mis en évidence par leur comparaison avec des types de provenance certaine, sont donc les seuls garants de leur haute antiquité.

Ce sont des armes grossières des types *chelléens* ou *acheuléen, magdalénien, moustérien* de M. de Mortillet, par conséquent taillés à grands éclats sur une seule ou sur les deux faces, de petite taille, en roches de pays, quartzites des alluvions des plateaux, silex du calcaire bajocien? La plupart de celles que nous possédons proviennent des environs d'Allain, de Colombey, et c'est aux recherches de M. Olry que nous les devons.

Les collections du Musée de la ville de Nancy, de MM. Husson, Guérin, en contiennent quelques-unes, des environs de Pierre-la-Treiche, de Sion, de Pont-à-Mousson. Tous les amateurs de préhistorique qui se sont occupés de les recueillir, sont d'accord pour admettre qu'il n'y a pas de gisement spécial pour ces sortes d'armes, qu'elles se rencontrent partout à la surface du sol, aux mêmes endroits que les couteaux, les pointes de flèche en silex et les hachettes de pierre polie. Il est à remarquer aussi que ces armes ne se trouvent généralement qu'à une certaine altitude au-dessus du niveau des cours d'eau actuels, comme aussi la grande majorité des objets appartenant à l'époque de la pierre polie.

Les stations préhistoriques lorraines les plus célèbres sont incontestablement les grottes et fissures de la vallée de la Moselle, dans les environs de Toul, illustrées par les travaux de MM. Godron et Husson.

Une caverne, le Trou-Sainte-Reine, une fissure, le Trou-des-Celtes, situées la première à 12-13 mètres, la seconde à 21 mètres au-dessus du niveau de la Moselle, ont donné à ces savants explorateurs des ossements humains associés à divers objets, les uns préhistoriques, les autres plus récents, et à des débris d'animaux éteints ou émigrés.

Dans les deux gisements, la couche riche en fossiles était superficielle, immédiatement recouverte par places d'une croûte stalagmitique, et les ossements humains, comme ceux des animaux éteints ou émigrés, étaient, soit emballés dans une argile rouge, soit emprisonnés dans des sortes de conglomérats, soit enfin, suivant l'expression de M. Husson[1], « mélangés à du diluvium » (Trou-des-Celtes). Ce diluvium caillouteux n'était que la partie superficielle, remaniée du diluvium vosgien, qui remplit toutes les fissures de nos collines jurassiques aux hauts et moyens niveaux.

Le remplissage de ces grottes et fissures n'a été qu'un épisode du dépôt des alluvions caillouteuses qui surmontent à Jarville les lignites glaciaires, mais il a dû se compléter plus tard par la formation sur place de l'argile rouge, le remaniement de ses parties superficielles et la production de croûtes stalagmitiques. Cette série de phénomènes nous conduit jusque vers la fin de l'époque du diluvium rouge, dont les caractères principaux, énoncés plus haut, se retrouvent dans les parties superficielles du remplissage de ces grottes et fissures.

Rien d'étonnant dès lors qu'on y rencontre le *Rhinoceros tichorhinus*, dont la présence a été constatée récemment par M. Gaiffe dans la terrasse la plus inférieure de la Moselle, au-dessous de Liverdun. Ce grand mammifère éteint est accompagné, dans les grottes et fissures des environs de Toul, de *Hyæna spelæa Goldf, Rhinoceros tichorhinus, Cervus tarandus,* mais on y constate l'absence de l'*Elephas primigenius Blum,* qui cependant n'est pas rare dans les environs

---

1. *Origine de l'espèce humaine dans les environs de Toul,* p. 23.

de ces stations, et spécialement dans la vallée de l'Ingressin, à des niveaux peu élevés au-dessus des eaux actuelles. S'ensuit-il qu'il ait déjà disparu de nos contrées, comme l'admettent quelques géologues, nous ne le pensons pas, car la coexistence du renne avec le mammouth est parfaitement démontrée dans nos régions par les découvertes faites en Alsace à Hernolsheim, près de Mutzig, à Lingolsheim, près de Strasbourg[1], dans un diluvium sableux inférieur au lehm vrai à coquilles terrestres.

Quoi qu'il en soit, le remplissage du Trou-Sainte-Reine et des Celtes a dû se terminer à une époque antérieure à celui de la grotte d'Oberlarg en Haute-Alsace, où le renne, l'élan, le castor, la marmotte, se rencontrent, sans autres animaux éteints que le *Bos primigenius*, mêlés à des objets préhistoriques, poterie primitive surtout, qui ont la plus grande analogie avec celle de Pierre-la-Treiche. En Haute-Alsace, comme en Lorraine, les débris de ces animaux sont mêlés à des objets datant les uns de l'époque préhistorique, les autres évidemment plus récents; mais leur étude approfondie démontre que les armes des types les plus anciens y font défaut, tandis que dans les grottes et fissures de Toul, on en trouve quelques-unes qui sont absolument comparables à celles dont nous venons de parler plus haut. Il nous semble donc que, malgré le mélange que l'on constate dans ces

---

1. *Abhandlungen... d'Andreæ*, pp. 28-29.

grottes, il faut tenir compte de la présence d'armes du type le plus ancien, accompagnant des animaux éteints ou émigrés. Quant aux débris humains trouvés par MM. Godron, Husson, Gaiffe, leur état de fragmentation permet à peine d'en tirer grand parti, au point de vue de leurs caractères anthropologiques.

L'homme aurait donc apparu dans nos régions à la même époque qu'en Alsace, et serait contemporain du renne, du rhinocéros à narines cloisonnées, et probablement aussi du mammouth.

En Lorraine comme en Alsace, nous passons brusquement de l'époque où l'apparition de l'homme peut être constatée pour la première fois, à celle où il est déjà armé de haches polies, de flèches en silex, et pourvu de poteries grossières, sans qu'il soit possible de reconnaitre une période de transition entre l'âge dit *paléolithique,* ou de la pierre éclatée, et l'âge *néolithique,* ou de la pierre polie.

Les sommets des plateaux des environs de Nancy, des coteaux de la région de la Seille sont extrêmement riches en hachettes brisées, plus ou moins calcinées, accompagnant des foyers avec armes de silex de forme variée, poteries, broyons et fusaïoles appartenant selon toute probabilité à l'époque de la pierre polie. La station typique de cet âge, pour les environs de Nancy, est celle qui se voit à la surface du diluvium rouge au-dessus de la grouinière de Malzéville, en face l'usine Xardel, à gauche du front d'abattage actuel de la roche. Les divers objets qu'on y a rencontrés dans les recherches anciennes qui y ont été faites, nos propres trouvailles indiquent l'âge de la pierre polie, mais il est évident ici que cette station est bien postérieure au dépôt de ce diluvium.

Avec l'âge de la pierre polie, les preuves irrécusables de la présence de l'homme dans nos environs se multiplient, sans que cependant il soit possible de rien préciser encore sur la nature de ces populations primitives qui ne nous sont guère connues que par leurs armes et leurs poteries. Les haches polies, les broyons ne sont pas rares aux environs de Nancy; quant aux instruments en silex éclats, couteaux, pointes de flèches, ils se trouvent sur les flancs et sur les sommets de nos collines jurassiques, tandis qu'ils diminuent en général de fréquence vers le fond des vallées.

La raison de ce fait nous semble facile à trouver. Le fond de nos vallées n'était pas alors ce qu'il est maintenant. Les divagations des cours d'eau, les marécages en rendaient certainement l'abord difficile sinon impossible pendant une partie de l'année.

Le fait de l'existence d'anciens marais, d'anciens bras de rivières peut être démontré sans sortir de l'enceinte de Nancy, grâce aux gravières de Malzéville, aux travaux du chemin de fer de ceinture, aux fossés ouverts de tous côtés entre le canal de la Marne au Rhin et la Meurthe.

Si les haches polies non perforées de différents types sont assez répandues aux environs de Nancy, il n'en est pas de même du type perforé, si commun et peut-être si ancien dans la vallée du Rhin. A notre connaissance, il est à peine représenté dans nos environs.

Quant à la matière première des haches polies, des instruments en silex, elle paraît provenir surtout des roches vosgiennes pour les premiers, pour les seconds des roches coralliennes, crétacées et surtout tertiaires. Nos populations primitives allaient chercher plus loin encore que sur les confins de la Champagne où les silex tertiaires se trouvent en place, les éléments de certaines de leurs hachettes, nous voulons parler de celles qui sont en serpentine, en euphotide ou plus rarement en jadéite.

Les poteries qui accompagnent à peu près partout les instruments de la pierre polie sont si rarement entières qu'elles ne peuvent donner, sauf celle qui existe au musée lorrain malheureusement sans indice de provenance, qu'une idée très imparfaite de l'art de nos ancêtres à ce moment précis de la civilisation préromaine. La matière première a été généralement prise sur place, tant à Pierre-la-Treiche qu'à Malzéville, mais le mode de fabrication a varié, suivant que le vase devait subir plus ou moins l'action du feu. On rencontre dans presque toutes nos stations des poteries excessivement grossières associées à d'autres bien plus fines et faites souvent au tour. Le mode d'ornementation est toujours extrêmement simple; ce sont des points ou des lignes associées en bandes circulaires sur les vases les plus fins, des impressions digitales grossières sur les plus frustes.

Malheureusement, nous ne possédons de l'époque de la pierre polie aucun débris humain suffisant pour permettre de saisir des caractères de races, ou de nous renseigner sur leurs habitudes funéraires.

Quand et comment le bronze est-il venu chasser le silex travaillé et la pierre polie, dans nos régions ? Cette étape de la civilisation n'a-t-elle pas été, comme on a tout lieu de le croire d'après les recherches les plus récentes, le résultat de relations commerciales ouvertes entre nos populations autochtones encore pourvues d'armes primitives et les Phéniciens ou les Étrusques de la Haute-Italie ?

Quoi qu'il en soit, le fait de l'existence dans nos contrées d'un *âge du bronze* paraît peu contestable, vu la fréquence de stations funéraires où le bronze figure presque seul, mais il faut reconnaître que si l'on y rencontre quelques instruments isolés (haches), de types archaïques, appartenant selon toute probabilité à l'âge où le bronze seul était connu, la majorité des objets trouvés dans ces conditions se rapporte nettement aux périodes dites *Hallstatdienne* et *Marnienne*, où sur le haut Danube et en Champagne se développait une civilisation qui a surtout mis en œuvre le bronze, quoique certainement le fer fût déjà connu.

Avec M. Cournault, dont la compétence sur ce sujet est si bien établie, nous remarquerons la rareté des épées, des armes de guerre en général, en l'opposant à l'abondance des haches et hachettes de divers types, des faucilles.

Le luxe et la vie paisible de nos populations de l'âge de bronze paraissent ressortir de la fréquence, dans toutes les stations, de bracelets, de torques, de fibules de différents modèles.

Trois stations de l'âge de bronze sont à citer aux environs de Nancy.

La première doit être maintenue sous la désignation assez vague « environs de Nancy », quoiqu'elle passe généralement pour avoir été placée à Frouard.

On y a trouvé un disque ou *tintinnabulum* semblable à celui qui avait été trouvé avec le mobilier funéraire d'un guerrier à Vaudrevange (Moselle), mais plus petit, deux faucilles, cinq haches à oreillettes, quatre haches à douille, dont l'une était ornée de stries très fines, une gouge de même travail, un marteau, quatre tubes auxquels étaient joints quatre groupes de trois anneaux faisant office de grelots, dix-sept bracelets creux ou pleins, une agrafe de ceinturon, en tout quarante-deux pièces, dont les plus importantes et spécialement le tintinnabulum se trouvent au Musée lorrain.

Toutes ces pièces étaient d'un beau travail et on hésite, comme pour ceux de Vaudrevange (Musée de

Saint-Germain), à les attribuer à l'industrie indigène. M. Cournault, sans affirmer qu'il s'agisse ici d'une importation étrusque, cite au Musée lorrain une anse de vase en forme de palmette, qui parait devoir leur être attribué avec certitude.

Une seconde trouvaille non moins importante a été faite, non en une seule fois, parait-il, mais en deux fois, dans les travaux faits à diverses reprises aux environs de Rosières-aux-Salines. Ce sont plutôt des cachettes que des stations funéraires, car il n'est pas fait mention d'ossements dans les relations de leur découverte. Suivant M. Raoul Guérin[1], qui tire ce renseignement de la collection Beaulieu, sans autre indication, en 1729, tout près d'une métairie, au lieu dit Monteau, au bas de Rosières-aux-Salines, un débordement de la Meurthe mit à découvert, sur la rive, près d'un millier de petites pointes de flèche en bronze, quelques morceaux de métal et des coins de bronze. Cette trouvaille fut portée tout entière à la cour de François III, duc de Lorraine, où elle fut dispersée.

En 1884, en creusant les fondations de la maison d'habitation de M. Ancel, manufacturier à Rosières-aux-Salines, les terrassiers rencontrèrent, à 2 mètres de profondeur, un sol ancien reconnaissable aux plantes de marais (Carex) restées en place. A ce niveau, un coup de pioche amena au jour 13 ou 14 bracelets

1. *Les Objets antéhistoriques du Musée lorrain,* 1868, p. 17.

de bronze, tous semblables d'ornementation. Quelques-uns furent malheureusement brisés. Le propriétaire, prévenu quelques heures plus tard, recueillit ceux qui restaient et déposa les plus beaux échantillons au Musée lorrain ; les bracelets étaient empilés les uns sur les autres en sens inverse, de telle sorte que le pic de l'ouvrier en pénétrant dans le cylindre formé par cette superposition, les ramena tous d'un seul coup. La fouille fut poussée jusqu'à 3^m,50.

Il n'en est pas de même de deux stations découvertes au commencement de l'année présente. Ce sont bien des stations funéraires, et il a été possible d'y reconnaître le mode d'inhumation de nos populations de la fin de l'âge du bronze, du commencement de l'âge du fer, et certains de leurs caractères anthropologiques. Dans la première de ces stations, un grand nombre d'objets de bronze, bracelets pleins ou creux dont un avec une perle de verre émaillée engagée dans l'ouverture, torques, fibules, etc., objets de destination inconnue, ont pu y être recueillis, grâce aux soins de M. l'ingénieur Maillien qui dirigeait pour la maison Solvay, de Dombasle, les travaux de décapement d'une carrière à l'angle ouest du village de Villey-Saint-Étienne, entre le talus d'escarpement de la Moselle et la route de Toul. Tous ces objets ont été gracieusement offerts par MM. Solvay et Cie au Musée lorrain, et nous ne saurions trop apprécier cette découverte qui nous permet d'affirmer que les Lorrains de la fin de l'âge du bronze ne brûlaient pas leurs morts, qu'ils les enterraient en les entourant de murs grossiers de pierre sèche, de peu de hauteur ; que les squelettes sont accompagnés de leurs ornements, anneaux de jambe et de bras, sans traces de poteries jusqu'ici ; que le verre et l'émail étaient connus à la fin de l'âge du bronze en Lorraine ; que les relations avec l'Alsace et la Champagne paraissent démontrées par les formes et l'ornementation de la plupart des objets qui ont été trouvés dans la station funéraire de Villey-Saint-Étienne.

Les débris de squelettes que nous possédons et qui appartiennent à deux individus sont trop incomplets pour donner des notions certaines sur la race, mais cependant le frontal de l'un d'eux paraît indiquer une race apparentée à celle dite du Neanderthal plutôt qu'à celle de Cromagnon. Espérons que la continuation de travaux, en mettant à jour de nouvelles tombes, nous permettra de compléter ces renseignements qui sont les premières données positives sur le caractère anthropologique des populations primitives de la Lorraine.

Dans la seconde station, récemment découverte au-dessous du village de Domêvre-en-Haye dans un champ, le squelette humain étendu, ou les squelettes dont nous n'avons pu sauver aucun débris, était orné de grands bracelets de bronze aux bras et aux jambes.

Ces bracelets, outre leur forme originale, se font

remarquer par leur mode de fermeture qui indique un grand perfectionnement dans l'art du fondeur. Dans la région de la poitrine, d'après les cultivateurs de Domêvre et de Pierrefort, MM. Érard et Turc, qui l'ont découvert, se trouvait une série de rondelles de bronze, une rouelle ou roue à 4 jantes, une statuette de bronze de 0^m,045 de longueur.

Quelques-unes de ces rondelles portaient attachées par des fils enroulés de bronze, des perles de verre vert, de verre bleu, d'argile cuite; mais l'intérêt de cette trouvaille paraît surtout se concentrer sur la statuette grossière qui accompagnait ces objets composant, selon toute probabilité, un collier. Cette statuette, dont le sexe masculin était nettement accusé, se fait remarquer par son modelé, assez exact, malgré le manque complet de détails (nez, yeux, bouche), de la tête et des autres parties du corps. La tête paraît dolichocéphale et la statuette porte au cou un fil de bronze enroulé imitant un collier.

C'est, à notre connaisssance, la représentation humaine la plus ancienne qui ait été découverte dans nos régions; à ce titre, elle mérite une mention spéciale. Un autre fait nous a encore frappé dans cette trouvaille, c'est, avec l'absence absolue d'objets de fer bien conservés, la trace évidente d'objets de fer disparus rongés par la rouille. Les rondelles, la statuette en portent manifestement la preuve, et sont encroûtées par places d'une couche épaisse de rouille qui ne peut provenir que d'objets de fer accompagnant les objets de bronze dans cette sépulture. Nous avons donc affaire ici à la fin de l'âge du bronze ou au commencement de l'âge du fer, et la sépulture de Domêvre paraît, de par l'ensemble des objets qui s'y rencontrent, appartenir à une époque plus récente que celle de Villey. Elle se rapproche plus que cette dernière des sépultures gauloises de la Marne, si bien étudiées par M. Nicaise.

Bien d'autres stations non moins intéressantes ont été découvertes dans nos régions, mais sans qu'il en soit resté d'autres traces que des objets isolés que nous retrouvons soit dans les musées, soit dans les collections particulières. Nous savons que certains amas de pierrailles à forme de tumulus peuvent, avec des ossements humains non calcinés, contenir des objets de bronze. Une trouvaille de ce genre nous a été indiquée dans la forêt de Haye par M. le professeur Fliche, et les récentes recherches de M. Barthélemy prouvent qu'il y a là une mine féconde de découvertes. En résumé, de l'ensemble des renseignements que nous possédons sur ces époques reculées de notre histoire se dégage, en Lorraine comme en Alsace, le fait de l'existence vers la fin de l'âge de bronze d'une population sédentaire, calme et paisible, peu belliqueuse, d'après le petit nombre d'armes qu'elle nous a laissées, enterrant ses morts sans les brûler, soit par inhumation simple, soit par inhumation sous tumulus ou amas de pierrailles. Elle paraît avoir succédé à la population, relativement assez dense, enterrant également ses morts et les recouvrant d'amas de pierres qui couvrait nos plateaux et les flancs abrités de nos coteaux à l'époque de la pierre polie, et il n'est pas toujours aisé de faire dans les stations la part des deux époques, tellement elles se sont superposées ou mêlées dans les mêmes lieux.

La série des temps préromains se trouve donc close jusqu'à nouvel ordre, dans nos régions, par les périodes *hallstadtienne* et *marnienne*.

Pour être complet, il nous reste à signaler sur nos plateaux : l'abondance extrême d'amoncellements de pierres sèches ayant la forme de tumulus, les cavités ou mardelles qui se rencontrent si fréquemment dans les environs de Nancy (Cinq-Fontaines) ; les vestiges d'anciennes exploitations minières d'origine et d'âge inconnus ; les monuments mégalithiques qui s'y rencontrent et dont l'un des plus intéressants est la pierre du Jô, menhir se dressant à $2^m,20$ de haut, debout sur la lisière nord de la forêt de Presle, au-dessus du village de Norroy, qui nous a été indiqué par notre excellent ami M. Thomas, vétérinaire en premier au 10e hussards.

Les refuges, enceintes, traces de murs d'appareil plus ou moins grossier qu'on a observés dans nos limites, méritent aussi une mention particulière. Sur ce sujet si nouveau, on lira avec intérêt l'essai suivant que, sur notre demande, notre ami et élève M. Barthélemy a joint à cette notice.

Parmi les monuments primitifs que nous ont laissés les premiers habitants de la Lorraine, il n'en est guère de plus complets et de mieux conservés que les camps et retranchements qui couronnent quelques-unes de nos collines.

Ces fortifications d'une construction grossière, toujours placées dans des conditions identiques, toutes situées sur des hauteurs d'où la vue s'étend au loin, constituaient des refuges difficiles à surprendre. Leurs constructeurs ayant choisi un emplacement défendu par la nature, tel que la lisière d'un plateau se terminant à l'abrupt, se contentaient d'entourer d'un rempart le côté qui se rattache au massif.

Les lignes de défense affectent presque toujours des formes courbes, souvent fort irrégulières, suivant la configuration de la position à occuper.

On trouve ces camps non seulement le long des rivières, mais aussi dans le voisinage de vallées sans cours d'eau, qui pouvaient servir de communications, de routes naturelles entre les différentes stations habitées.

Beaulieu et, après lui, plusieurs archéologues ont voulu y voir un système de forts postés près des rivières pour en défendre le passage à gué. Nous ne croyons pas que tel ait été leur but : nous sommes convaincu qu'ils furent élevés bien plutôt pour servir de refuge aux populations voisines en cas de danger.

Plusieurs d'entre eux nous montrent des constructions de différentes époques : tantôt l'enceinte primitive a été renforcée par un mur parallèle au premier, comme au Camp d'Afrique; tantôt encore le camp s'est trouvé trop étroit pour abriter une population devenue plus nombreuse, et un nouvel espace a été entouré de défenses : ce que nous voyons encore au Camp d'Afrique et peut-être aussi à Montenoy, à Tincry.

Beaulieu, dans son *Archéologie lorraine,* a signalé dans notre région un grand nombre de ces ouvrages. Nous ne nous occuperons que de ceux qui ont conservé des retranchements plus ou moins importants, et dont l'existence ne peut être mise en doute.

De tous ces monuments, le mur de la Fourasse, aux portes mêmes de Nancy, est peut-être le plus ancien. Sa conception, en effet, est des plus simples : la colline de la Fourasse, aux pentes très déclives, fait saillie en éperon sur la vallée de la Meurthe. Il a suffi d'isoler une partie de la colline du reste du plateau par une levée de pierres, laissant à l'escarpement des pentes le soin de défendre les autres côtés, pour obtenir un fort ou un refuge.

Ce rempart sans fossés, d'un développement de 338 mètres en ligne droite, a été élevé à l'aide de blocaille amassée à fleur du sol et alignée sur une hauteur de 1^m30 avec 9 mètres de base.

En 1883, une tranchée pratiquée dans le mur, pour le passage d'une route, fournit une coupe parfaite de l'ouvrage. MM. Bleicher et Millot, à qui revient le mérite de cette découverte, reconnurent sous la couche superficielle de moellons, amoncelés sans beaucoup d'art, un massif de calcaire calciné sur place, produit en empilant par lits alternatifs la roche et le combustible, et renfermant encore des charbons, témoins indubitables de ce singulier mode de construction.

L'état de conservation des charbons a permis à M. le professeur Fliche d'affirmer qu'une seule essence, le hêtre, a servi à les produire. Le hêtre, essence unique, ou au moins dominante alors, ne forme plus aujourd'hui qu'un tiers à peine du peuplement dans cette partie de la forêt.

Un second ouvrage plus imposant, le Camp d'Afrique, à l'extrémité sud du plateau de Haye, a été l'objet de nombreuses publications depuis le commencement de ce siècle. Beaulieu nous en a laissé une description et un plan parfaits; nous lui empruntons maints renseignements.

Le massif de Haye se termine brusquement au-dessus du village de Messein par un escarpement rocheux absolument inaccessible. Des fossés et des remparts formidables, ayant aujourd'hui encore un relief de près de dix mètres, en ont fait une forteresse imprenable.

Deux retranchements, vallums avec fossés extérieurs, semblables de proportions et d'aspect, décrivent une ellipse allongée dont les branches viennent finir, en s'affaiblissant, à l'abrupt. Ces deux lignes de défense, parallèles sur tout le plateau, cessent de se suivre à partir de l'escarpement. Arrivé là, le rempart extérieur descend et enserre un petit plateau d'éboulement, appelé le marché du camp, pour remonter ensuite et rejoindre le vallum supérieur.

Les deux murs, si semblables extérieurement, diffèrent essentiellement comme mode de construction. Le vallum extérieur est simplement fait des déblais du fossé. Le rempart intérieur est constitué tout entier, sauf la couche superficielle, par du calcaire calciné, comme à la Fourasse. Mais ici la masse calcinée a 3 mètres de hauteur sur 10 mètres de base. La chaleur produite fut telle que les cailloux de granit et de porphyre du diluvium des plateaux, mêlés à la roche locale, ont été vitrifiés, et qu'on rencontre aussi des vitrifications provenant des éléments siliceux de l'argile du bajocien. Les débris de charbon de hêtre, déterminés par M. le professeur Fliche, sont très abondants.

Ces deux ouvrages à nucléus calcinés ne sont point probablement les seuls existant en Lorraine. Dès 1842, M. Victor Simon, dans une de ses notices sur le pays messin, signalait une découverte de ce genre sur une colline des bords de la Moselle, tout près de Metz.

En 1841, dit-il, un propriétaire, faisant défricher un terrain au-dessous du village de Lessy, découvrit des débris de construction dont la date doit remonter à des temps très reculés : « C'est un mé-
« lange de galets calcaires, ramassés pêle-mêle sur
« le sol, et de chaux sans sable, faite avec le calcaire
« de la formation oolithique trouvé sur place et
« cuite d'une manière très grossière, à en juger par
« les débris de plantes charbonnées mêlés avec la chaux. » L'origine celtique, ajoute M. Simon, paraît confirmée par divers instruments en bronze : faucilles, épingles, gouge, qui furent mis au jour par les mêmes travaux.

Ne quittons pas cette partie de la Lorraine, devenue allemande, sans parler des stations de Delme et de Tincry, qui sont assez peu connues.

A peu de distance, et à l'est de la nouvelle frontière, mais dans l'ancien département de la Meurthe, se dressent deux collines isolées, couronnées par l'oolithe inférieure : la côte de Delme, altitude 405 mètres, et la côte de Tincry, altitude 387 mètres.

Peu de chose à dire de la côte de Delme : la voie romaine de Strasbourg à Metz la gravit et en suit quelque temps la crête. A l'extrémité sud on voit les traces d'un camp romain ; la charrue a détruit les retranchements ; mais les débris de cette époque : tuiles, meules, débris de poterie fine, monnaies, sont encore abondants.

Ce camp a probablement remplacé une installation beaucoup plus ancienne, car on y trouve également de nombreux éclats de silex et des fragments de poterie noirâtre et mal cuite, bien caractéristique.

Sur un autre point élevé de la même colline, il y eut un véritable atelier de taille, les éclats de silex couvraient le sol.

La côte de Tincry, à 2 kilomètres de Delme, est un peu moins élevée que sa voisine ; le sommet, plat et boisé, a une longueur d'environ 1,500 mètres sur 500 à 600 mètres de largeur.

L'extrémité sud, dominant au loin la plaine, est entourée d'une enceinte d'un énorme développement. Cette forteresse, signalée par M. Arthur Benoît, a été visitée et en partie décrite par M. Cournault, dans une communication à la Société d'archéologie lorraine.

Le refuge comprend deux systèmes de défense : un premier retranchement partant de la lisière ouest du plateau, décrit un grand demi-cercle, d'environ 600 mètres de développement, et vient se confondre, au sud-est, avec le fossé du réduit ou seconde enceinte. Cette première ligne se compose d'un fossé extérieur de 2 à 3 mètres de profondeur et d'un mur haut de 3 mètres formé des déblais du fossé. Les bords de la crête ont été régularisés de main d'homme et rendus plus abrupts dans l'intérêt de la défense.

La seconde enceinte, parfaitement circulaire, et d'une superficie d'environ 90 ares, défend l'angle sud-est du camp, à l'endroit le plus escarpé.

Un fossé large et profond et un mur en blocaille et déblais d'environ 4 mètres de hauteur l'entourent complètement.

Il importe d'appuyer sur ce fait, que les fossés des deux enceintes se confondent et semblent prouver que les deux constructions résultent d'un même plan pour former un tout unique.

Une fouille pratiquée pour connaître les éléments de la construction ne nous a point laissé apercevoir de traces de feu ni de calcination ; rien que de la blocaille, telle qu'elle se trouve à fleur du sol.

En revanche, nous avons trouvé quelques éclats de silex dans le fossé même de l'enceinte extérieure.

On peut voir encore dans notre région de nombreuses traces de fortifications antiques : au sommet de la montagne de Cuite, à Jaillon, à Montenoy, où l'emplacement d'un camp est très reconnaissable malgré les grands changements apportés par la culture à la configuration du terrain.

Signalons enfin une petite enceinte carrée, d'un type tout différent, construite en blocs de grandes dimensions, située au-dessus du village de Malzéville. M. Cournault, qui l'a déblayée en partie, y a trouvé des traces d'habitations.

A qui attribuer toutes ces constructions ?

Il faut faire, semble-t-il, abstraction de tout sens critique pour y voir l'œuvre des Romains.

Ces camps furent bien nombreux, et un récent travail de M. le professeur Pfister a savamment démontré que les peuples de nos contrées n'ont opposé aucune résistance à la conquête. Du reste, nous connaissons par les auteurs latins les règles de la castramétation romaine, et nous ne pouvons vraisemblablement reconnaître ici l'œuvre des légions. Mais que les conquérants se soient installés, de gré ou de force, dans les centres habités, où ils trouvaient les commodités de la vie, c'était dans l'ordre des choses alors comme de nos jours.

Il semble donc qu'on doit laisser aux autochtones le mérite de ces ouvrages.

Aux époques primitives, les hommes se réfugiaient, en cas d'alerte, sur les hauteurs faciles à défendre; puis avec les progrès de la civilisation et de l'intelligence, ils augmentèrent la valeur de la défense par quelques amoncellements de blocs et des fossés. Plus tard enfin, une population plus dense, une civilisation plus avancée, une tendance plus grande à la sociabilité, réunirent les éléments de groupes de même origine. Les oppidums ne seront plus seulement des lieux de refuge, ils seront habités en toute saison, un marché s'y tiendra; ce sera la demeure des chefs et l'origine des villes.

Il serait téméraire de vouloir dès aujourd'hui remonter dans la nuit des temps pour fixer la date de ces monuments ; mais il est permis d'espérer que des recherches et des fouilles de plus en plus nombreuses permettront, dans un avenir prochain, d'éclairer cette question intéressante.

Nancy, imp. Berger-Levrault et Cie.

NANCY, IMPRIMERIE BERGER-LEVRAULT ET Cⁱᵉ

www.ingramcontent.com/pod-product-compliance
Lightning Source LLC
LaVergne TN
LVHW020045090426
835510LV00040B/1423